Combattre les discriminations

Carina Louart et Véronique Maribon-Ferret
Illustrations de Rémi Saillard

Privat
jeunesse

Cette édition de *Combattre les discriminations – J'ai tout compris*
a bénéficié du soutien du Conseil départemental de la Haute-Garonne.

J'AI TOUT COM-PRIS

10 rue des Arts – BP 38028
31080 Toulouse Cedex 6
—
ISBN : 978-2-7089-8840-8
Loi n° 49-956 du 16 juillet 1949 sur les publications destinées à la jeunesse,
modifiée par la loi n° 2011-525 du 17 mai 2011.
Dépôt légal : avril 2021

PRÉFACE

Les discriminations pèsent lourdement sur le quotidien, a fortiori avec la crise sanitaire !
Milieu professionnel, scolarité, accès au logement, santé, une personne peut être victime de discrimination dans de nombreux domaines de la vie quotidienne en raison de ses origines, son genre, son orientation sexuelle, son apparence physique, son handicap. Le combat pour les valeurs progressistes et émancipatrices est plus que jamais d'actualité !
À son échelle, le conseil départemental de la Haute-Garonne fait du « vivre ensemble » le fil rouge de son action, conscient que c'est le seul chemin possible pour construire une égalité réelle et léguer aux jeunes générations une société durablement apaisée.
Mais à côté de toutes ces actions de terrain, il y a aussi une bataille culturelle à gagner. L'éducation à la citoyenneté est un des axes forts de son engagement avec, comme projet phare, « Les Chemins de la République ».
Tout au long de l'année, cet engagement vise à transmettre et comprendre les valeurs républicaines. Et l'expérience montre que le travail qui s'effectue, en particulier avec le « Parcours laïque et citoyen » à destination des collégiens, est réellement porteur d'espoir, à tel point que nous l'avons récemment étendu aux élèves de CM2.
Écrit dans un langage qui parle à la jeunesse, le livre de Carina Louart et Véronique Maribon-Ferret sur les discriminations s'inscrit pleinement dans cette démarche qui vise à ouvrir l'esprit, à éveiller les consciences et à encourager la mobilisation. Nul doute que leurs auteures livrent là un outil précieux pour qui veut s'y engager. Le conseil départemental se réjouit de cette communauté de pensée et d'action au service des générations à venir.

Georges Méric
Président du conseil départemental
de la Haute-Garonne

INTRODUCTION

« Nos différences devraient nous aider au lieu de nous opposer. »
Albert Camus (1913-1960)

Les filles n'aiment pas les maths, les Africains ont le rythme dans la peau, les personnes âgées ne sont pas sur les réseaux sociaux, est-ce si sûr ? Non ! Ce sont des stéréotypes dont il faut se méfier. Ils mènent tout droit à des traitements défavorables de certains groupes. C'est ce qu'on appelle la discrimination, cette ennemie de l'égalité entre tous les êtres humains.

Ce livre explique pas à pas comment naissent les discriminations, où elles se cachent, comment elles se transmettent et qui en sont les victimes. L'histoire nous enseigne jusqu'où elles peuvent mener : la mise à l'écart des minorités, la ségrégation raciale et, dans ses pires extrémités, les génocides.

Aujourd'hui, la loi permet de combattre les discriminations, mais dans les faits, elles ont la vie dure. On les rencontre tous les jours, au collège, au travail, dans le sport, les loisirs, à la télévision, sur les réseaux sociaux. On les subit davantage dans certains quartiers, quand on est femme, en situation de handicap ou pauvre.

Ces 50 questions-réponses ont ainsi pour but de repérer les situations de discrimination et de permettre à chacun d'être vigilant pour ne pas les reproduire. Cela commence par la tolérance envers les autres, même s'il n'est pas si facile d'accepter leur différence. Changeons notre regard sur l'autre. Il ne s'agit pas de devenir ami avec tout le monde, mais de respecter chacun comme nous avons besoin que l'on nous respecte. Cela s'appelle le vivre ensemble et il s'apprend dès le plus jeune âge.

som-maire

LES DISCRIMINATIONS, C'EST INTERDIT PAR LA LOI

C'EST TOUJOURS LES MÊMES QU'ON ÉCARTE

TOUCHE PAS À MON PHYSIQUE !

TOUCHE PAS À MON IDENTITÉ !

EN FINIR AVEC CE FLÉAU

Les discriminations, c'est interdit par la loi

ÇA VEUT DIRE QUOI « DISCRIMINATION » ?

Petit indice : ce mot vient du latin *discriminatio*, qui veut dire « séparation ». Alors, as-tu compris ? C'est l'action de séparer et de distinguer des objets ou des individus les uns des autres en se basant sur certaines de leurs caractéristiques.

Ce mot a une autre signification, beaucoup plus négative. La discrimination est aussi le fait de traiter différemment, et souvent plus mal, quelqu'un ou un groupe par rapport au reste de la population. Autrement dit, c'est quand, dans la même situation, certaines personnes se voient refuser des droits qui sont accordés aux autres, pour des raisons ou des critères interdits par la loi.

C'est par exemple un enfant rom vivant dans un campement à qui la mairie refuse l'accès à l'école à cause de son origine et de son lieu de résidence. C'est une jeune fille qui se voit refuser un travail d'animatrice au motif qu'elle est tatouée et porte un piercing sur le nez. Cela peut être aussi un élève en fauteuil roulant privé de sortie ou d'un voyage scolaire à cause d'un manque de personnel pour l'aider dans ses déplacements. L'impossibilité d'obtenir un Accompagnant des élèves en situation de handicap (AESH) et un Auxiliaire de vie scolaire (AVS) pour assister un enfant à l'école fait régulièrement l'objet de plaintes de la part des parents pour discrimination.

Les situations de discrimination sont très nombreuses en France mais aussi dans le monde. Elles peuvent même se cumuler : une femme noire et en situation de handicap peut être victime de discrimination à la fois sexiste, raciste et handiphobe.

QUAND Y A-T-IL DISCRIMINATION ?

En France, la loi est précise. Elle a listé 25 critères de discrimination (voir page 74) dont les principaux sont l'âge, le sexe, l'origine, l'appartenance ou non à une prétendue race, le handicap, l'orientation sexuelle, les opinions politiques, la religion, l'apparence physique, le nom, le lieu de résidence, etc. Cette liste n'est pas figée, car de nouvelles discriminations peuvent apparaître.

Cette loi établit aussi les situations dans lesquelles il est interdit de discriminer selon les critères déjà énoncés, comme lors de la recherche d'un emploi, d'un logement, à l'entrée d'un magasin ou d'une mairie, etc. Par exemple, un employeur n'a pas le droit de refuser un travail à quelqu'un au motif qu'il est obèse : c'est un cas de discrimination basé sur l'apparence physique. En revanche, si quelqu'un organise une fête chez lui et n'invite pas un camarade parce qu'il trouve qu'il est trop « gros », ce n'est pas très sympa, mais ce n'est pas interdit par la loi ! Les différences de traitement dans la vie privée, en famille ou entre amis, même si elles sont injustes, ne sont pas des discriminations aux yeux de la loi.

Attention, certaines situations peuvent provoquer, volontairement ou pas, des discriminations indirectes. Par exemple, lorsque les animaux ne sont pas autorisés dans un magasin, un chien d'aveugle et son maître ne pourront pas entrer. Le commerçant discrimine ainsi la personne handicapée, ce qui est interdit par la loi.

POURQUOI EST-CE INTERDIT ?

Parce que la discrimination est contraire au principe d'égalité, l'un des trois mots de la devise de la République française : « Liberté, Égalité, Fraternité ». C'est un droit fondamental hérité de la Déclaration des droits de l'homme et du citoyen de 1789 dont l'article premier affirme : « Tous les êtres humains naissent et demeurent libres et égaux en dignité et en droits. » Cela signifie que, même si nous sommes tous différents, chacun a droit au respect et à l'égalité devant la loi. Le principe d'égalité a été repris dans la Déclaration universelle des droits de l'homme de 1948 et dans la Constitution de 1958 qui précise dans son article premier que la France « assure l'égalité devant la loi de tous les citoyens sans distinction d'origine, de race ou de religion ».

De très nombreux textes de loi français et européens, comme la Charte des droits fondamentaux de l'Union européenne (2000), sont venus s'ajouter. Au niveau international, l'Organisation des Nations unies a fait adopter plusieurs conventions destinées à protéger les populations les plus discriminées et/ou vulnérables, telles que la Convention internationale sur l'élimination de toutes les formes de discrimination raciale (1965), la Convention internationale sur l'élimination de toutes les formes de discrimination à l'égard des femmes (1979), la Convention internationale des droits de l'enfant (1989) et la Convention relative aux droits des personnes handicapées (2006).

D'autres textes incitent les États à combattre les discriminations dans certains domaines comme l'emploi (1958) ou l'enseignement (1960) avec la Convention de l'Unesco qui demande que soit respecté le droit à l'éducation pour tous, sans distinction.

POURQUOI DISCRIMINE-T-ON ?

Contrairement à ce que l'on croit, celui qui discrimine n'est pas toujours l'autre. On est tous concernés et tous responsables. La discrimination trouve son origine dans la peur de la différence. Toute personne qui ne nous ressemble pas physiquement, qui a grandi dans une autre culture ou se comporte différemment a tendance à nous inquiéter. Ce sentiment est lié à notre méconnaissance de l'autre, parfois à notre expérience, mais surtout à tous les stéréotypes et les préjugés, ces jugements bâtis sur des a priori souvent négatifs portés sur certaines catégories de population.

Ces idées toutes faites, que nous avons sur les filles, les garçons, les personnes en surpoids, les pauvres, les rappeurs et bien d'autres, sont partagées par la société et transmises de manière inconsciente à travers l'éducation, l'école, la publicité, les réseaux sociaux. Ainsi est-il fréquent d'entendre « Les filles sont nulles en maths, les garçons en français », « Les hommes sont tous des machos », « Les femmes conduisent mal », « Les personnes handicapées sont toutes en fauteuil roulant », etc. Ces généralisations ont été construites de toutes pièces au fil de l'histoire. Elles permettent de comprendre le monde de manière simplifiée. Notre cerveau le fait d'ailleurs malgré nous : il classe, range dans des cases et ordonne toutes les informations pour mieux saisir la complexité du monde qui nous entoure.

Ces préjugés deviennent dangereux lorsqu'ils nous conduisent, individuellement ou entraînés par l'effet de groupe, à exclure ou à discriminer. Pour cette raison, il faut s'efforcer de les remettre en cause. Cela passe par la rencontre et la connaissance de l'autre, et l'apprentissage de la tolérance.

DISCRIMINATION ET INÉGALITÉ, EST-CE PAREIL ?

Non. On les confond souvent, mais ce sont deux choses différentes. Toutes les inégalités ne sont pas des discriminations. Seules celles qui sont interdites par la loi sont des discriminations.

On parle d'inégalité quand une personne, ou un groupe, dispose de moyens d'accès à des biens, des services et des pratiques comme les loisirs alors que d'autres n'en bénéficient pas, ou pas autant. Par exemple, avoir un salaire élevé permet d'être logé confortablement, d'aller souvent au restaurant, d'avoir une maison à la campagne, et de partir en vacances. Ce ne sera pas le cas pour un chômeur ou une personne touchant un salaire plus faible. Ces inégalités de mode de vie dans un même pays peuvent paraître choquantes et injustes, mais elles n'ont rien d'illégal et ne sont donc pas des discriminations.

Le propriétaire d'un appartement a par exemple le droit d'exiger du locataire un minimum de revenus pour payer le loyer et de choisir celui qui a le meilleur salaire. La personne la plus riche obtient alors l'appartement : il s'agit d'un traitement inégalitaire, mais autorisé par la loi. Par contre, si le propriétaire refuse de louer son appartement au motif que le candidat est d'origine africaine, non seulement il s'agit d'un traitement inégalitaire, mais aussi d'une discrimination, puisque le critère de l'origine est interdit par la loi. Le propriétaire peut être condamné par la justice.

Les discriminations sont beaucoup moins fréquentes que les inégalités, mais toujours très violentes. Il est en effet toujours douloureux de se voir refuser un appartement du fait de la couleur de sa peau.

SEXISME, HOMOPHOBIE, RACISME : TOUS DES DISCRIMINATIONS ?

Non, ces cas sont différents. Toutefois, lorsque des propos insultants ou des comportements de rejet à l'égard des femmes, des personnes homosexuelles ou de couleur aboutissent à ne pas leur accorder les mêmes droits et avantages, ils constituent une discrimination. Une personne peut être homophobe, sexiste ou raciste et ne pas discriminer, et inversement.

Le racisme et le sexisme sont des idéologies fondées sur la croyance qu'il y aurait des catégories de population supérieures à d'autres. Ces théories ont été utilisées pendant des siècles pour justifier la domination des hommes sur les femmes et des Blancs sur les gens de couleur.

Grâce à la génétique, il est aujourd'hui démontré que nous appartenons tous à une seule grande espèce : l'*Homo sapiens*. Biologiquement, il n'existe pas de races humaines, seulement une espèce : l'espèce humaine. Hommes et femmes sont également semblables, excepté leur différence sexuelle. Le regard sur l'homosexualité a aussi changé. Considérée longtemps comme une déviance et une maladie, on sait aujourd'hui que l'orientation sexuelle ne se décide pas.

Ces idéologies ont longtemps servi de prétexte pour exclure, stigmatiser, exploiter, voire agresser ces populations. Elles sont aujourd'hui punissables par la loi mais elles restent ancrées dans nos sociétés. Elles s'accompagnent de préjugés et de stéréotypes souvent négatifs qui, de façon insidieuse, influencent notre jugement, façonnent notre regard et peuvent nous conduire à discriminer ces personnes.

LES DISCRIMINATIONS SONT-ELLES DANGEREUSES ?

Toujours. Les discriminations sont des injustices qui nuisent au vivre ensemble. Elles enferment, excluent et nous divisent. Elles sont nocives pour la société et pour celui qui les subit.

Lorsqu'on est inégalement traité à cause de ses différences, on subit non seulement une atteinte à sa dignité, mais une remise en cause de sa propre existence. Cela équivaut à s'entendre dire « Nous sommes égaux mais, toi, tu n'es pas notre égal ». Ces propos violents ont pour effet d'humilier et d'ébranler l'estime de soi. Les conséquences pour les victimes peuvent être dévastatrices. Au sentiment d'injustice s'ajoutent celui d'impuissance et une profonde colère qui peut se retourner contre les autres – mais aussi contre soi.

La réaction de la victime peut être le renoncement et la résignation : « À quoi bon continuer de chercher du travail, puisque de toute façon je serai discriminé ? » ou/et la dévalorisation, le doute en ses capacités : « Suis-je capable de postuler à cette école d'ingénieur malgré mon origine maghrébine ? Ne devrais-je pas avoir moins d'ambition ? »

Les discriminations peuvent conduire certains jeunes à se replier sur leur communauté d'origine : « Puisque je ne suis pas accepté par la société, je reste avec ceux qui me ressemblent », ce qui les isole des autres relations possibles. D'autres s'engagent dans des groupes ou des associations de lutte contre les discriminations et/ou prennent la parole pour revendiquer leurs droits, parfois à travers la musique. C'est le cas par exemple des rappeurs Nekfeu et Damso, ou de la rappeuse Chilla qui dénonce le sexisme.

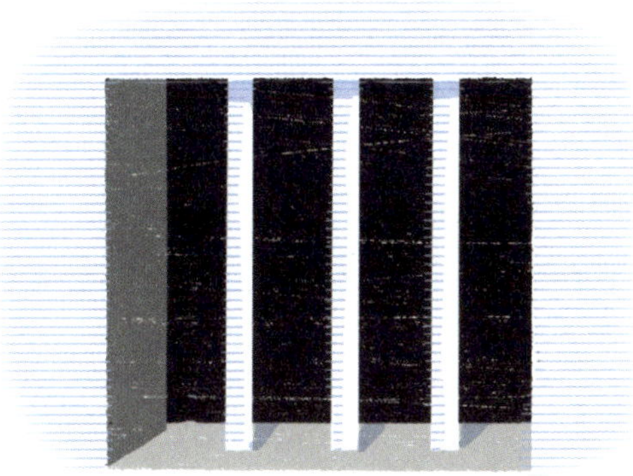

COMMENT SONT-ELLES PUNIES ?

Les 25 critères de discrimination interdits par la loi (voir page 74) figurent dans le code pénal et dans le code du travail. C'est un délit puni d'une lourde peine, allant jusqu'à 3 ans de prison et 45 000 € d'amende. La sanction est plus sévère si l'auteur de la discrimination est un agent public, par exemple un employé de mairie ou un policier, et que les faits ont été commis dans le cadre de ses fonctions. Il risque alors 5 ans de prison et 75 000 € d'amende.

La loi précise les situations dans lesquelles il est interdit de discriminer. Ce sont toutes celles liées à l'embauche, au licenciement et au salaire dans le cadre professionnel, celles qui concernent l'accès aux biens et aux services privés (logement, banque, loisirs, sports, etc.) et publics (hôpital, école, transport, aides sociales). Il y a également, dans le domaine de l'éducation et la formation, les situations liées à l'inscription dans un établissement et l'évaluation des élèves. Enfin, il est interdit de discriminer à l'entrée d'un lieu accueillant du public (boîte de nuit, restaurant, magasin).

La loi autorise les discriminations dans certaines situations professionnelles. Un employeur a par exemple le droit de refuser un poste de déménageur à une personne de 16 ans ou de 64 ans s'il estime que ce travail est trop dangereux ou trop pénible pour elle et qu'il peut le justifier. Un réalisateur ou un metteur en scène peut exiger un homme plutôt qu'une femme, ou inversement, pour interpréter un rôle masculin ou féminin au cinéma ou au théâtre.

Hormis quelques rares exceptions, le Droit français condamne toutes les discriminations, qu'elles soient pratiquées de manière intentionnelle ou involontaire. Nul n'est censé ignorer la loi de son pays.

C'est toujours les mêmes qu'on écarte

POURQUOI LES FEMMES SONT-ELLES DISCRIMINÉES ?

L'origine de cette domination masculine reste obscure. Ce qui est certain, c'est que la nature n'a pas établi de hiérarchie entre les sexes. Elle n'a pas non plus attribué de qualités, ni de rôles précis et définis à l'avance. Le petit garçon n'est pas naturellement agité et autoritaire, ni destiné à subvenir aux besoins de sa famille. Tout comme la petite fille n'est pas par nature calme et coquette, ni vouée à s'occuper de ses enfants et de son foyer. Ces qualités et ces rôles assignés, qu'on appelle des « stéréotypes de genre », sont culturels. C'est nous qui en avons décidé ainsi. Les sociétés se sont organisées autour de cette inégalité. Durant des millénaires et dans toutes les sociétés, les femmes ont été infériorisées et écartées du pouvoir. À quelques exceptions près, seuls les hommes avaient le droit de régner sur un pays, de participer à la vie politique, d'occuper les postes de direction ou de fréquenter les universités. Dans la sphère privée, le père était le chef de famille. Il avait toute autorité sur son épouse et ses enfants qui lui devaient obéissance. C'est ce qu'on appelle « le patriarcat », un régime encore en vigueur dans plusieurs pays.
Après les luttes féministes du XXe siècle, les femmes ont obtenu l'égalité des droits avec les hommes. Pour autant, dans les faits, les stéréotypes perdurent. Ils sont à l'origine de nombreuses discriminations, que ce soit en termes de salaires, d'accès aux métiers dits masculins (dans le bâtiment et l'informatique) ou aux postes de décision dans les entreprises, ou en politique. Les femmes sont aussi plus souvent victimes de violences sexuelles, et ce, quel que soit le pays.

QUELLE EST LA SITUATION DES FEMMES DANS LE MONDE ?

Elle s'améliore, mais les femmes ne disposent aujourd'hui que des trois quarts des droits reconnus aux hommes, selon un rapport de la Banque mondiale. L'Europe de l'Ouest et l'Amérique du Nord sont les plus égalitaires. À l'inverse, l'Asie-Pacifique, l'Afrique et le Moyen-Orient sont les plus discriminatoires, notamment pour ce qui concerne l'accès à l'emploi et aux ressources financières. Au Qatar ou aux Émirats arabes unis par exemple, les femmes n'ont toujours pas le droit de travailler, d'ouvrir un compte en banque, de créer une entreprise sans l'autorisation de leur mari ou de leur père. Ailleurs, les droits à l'héritage privilégient encore les fils, si bien que les terres sont détenues majoritairement par les hommes. En Afrique, seulement 2 % des femmes sont propriétaires, alors qu'elles produisent plus des 2/3 de la nourriture.
En Asie du Sud ou en Afrique subsaharienne, deux filles sur trois quittent l'école au niveau du CM2 pour se consacrer à leur famille ou se marier. Elles sont 650 millions dans le monde à s'être mariées, parfois de force, avant leurs 18 ans, ce qui les empêche d'accéder un jour à un emploi qualifié.
En dépit des progrès réalisés dans le domaine de l'éducation, de la santé et de la politique, la place des femmes dans l'économie mondiale reste moindre : à peine la moitié d'entre elles exerce une activité professionnelle, contre près de 8 hommes sur 10. Leurs revenus sont 40 % inférieurs à ceux des hommes. À compétence et fonctions égales, elles gagnent 25 % en moins. En Europe, l'écart est de 15 %. Des études ont ainsi montré qu'il faudra 257 ans pour atteindre l'égalité au travail et 94 ans en politique. En 2020, on comptait 20 cheffes d'État pour 197 pays.

SÉGRÉGATION ET APARTHEID : DES DISCRIMINATIONS ?

Oui. La ségrégation et l'apartheid ont été des discriminations raciales organisées et autorisées par des pays. Ces trois mots ont d'ailleurs une racine commune. Discrimination vient du latin *discriminatio*, qui veut dire « séparation » ; ségrégation vient aussi du latin, *segregare*, qui veut dire « isoler » ; apartheid vient du mot français « à part » et signifie « séparation » dans la langue des Afrikaners, les descendants d'immigrés hollandais installés en Afrique du Sud.

Aux États-Unis, la majorité des personnes noires sont des descendantes d'esclaves africains. L'esclavage y a été aboli en 1865, mais la ségrégation est longtemps restée la règle entre Blancs et Afro-Américains, surtout dans les États du Sud. Les droits des Noirs et des métis y étaient restreints, les mariages mixtes interdits. Au restaurant, dans les transports et les écoles, Blancs et Noirs étaient séparés. Les Afro-Américains ont mis un siècle avant d'obtenir partout les mêmes droits que les Blancs.

En Afrique du Sud, la ségrégation entre immigrés blancs et indigènes noirs existait avant l'apartheid, mais en 1948 un vrai régime raciste est instauré. Les Blancs, qui détiennent le pouvoir économique et politique, décrètent des droits différents en fonction de la couleur de la peau. Les populations non blanches sont regroupées dans des *townships*, quartiers pauvres en marge des villes, ou dans des territoires appelés « bantoustans ». L'apartheid prend fin en 1991. Après vingt-sept ans de prison pour avoir lutté contre ce système, Nelson Mandela devient le premier président noir de l'Afrique du Sud en 1994.

LES GENS DE COULEUR SONT-ILS TRÈS DISCRIMINÉS ?

Les gens de couleur sont d'abord victimes d'inacceptables comportements racistes. Dans plusieurs stades en Europe, des joueurs de football noirs ont été insultés par des supporters qui imitaient des cris de singe. Une ministre française, Christiane Taubira, a été comparée à un primate. C'est elle qui en 2001 a fait voter une loi qui reconnaît la traite négrière et l'esclavage en tant que crimes contre l'humanité. Mais cette reconnaissance officielle n'empêche ni le racisme anti-Noirs ni les discriminations de durer.

Lors d'un sondage réalisé dans douze États de l'Union européenne auprès de personnes d'ascendance africaine, quatre sur dix ont déclaré avoir été victimes de discrimination raciale. En France, c'est cinq personnes sur dix. La couleur de la peau est l'obstacle le plus souvent cité pour trouver un travail ou un toit. Résultat : la majorité des personnes noires qui ont répondu à cette enquête disent être pauvres et n'ont pas de logement convenable.

Dans une autre enquête française, immigrés et enfants d'immigrés originaires d'Afrique subsaharienne disent là encore que la couleur de leur peau les pénalise. C'est la même chose pour les Français nés dans un département d'outre-mer, comme la Guadeloupe ou la Guyane.

Les personnes originaires du Maghreb, de Turquie ou d'Asie du Sud-Est constatent elles aussi des traitements défavorables. Mais dans leur cas, cela est davantage lié à leur origine qu'à la couleur de leur peau.

LES CONTRÔLES « AU FACIÈS » SONT-ILS AUTORISÉS ?

Non. Les policiers n'ont pas le droit de vérifier l'identité d'une personne uniquement en raison de ses caractéristiques physiques liées à son origine réelle ou supposée. C'est un cas de discrimination, a tranché la justice française. Mais il est très souvent difficile d'en faire la preuve. Pourtant, une grande enquête française, appelée *Trajectoires et Origines*, montre que 80 % des jeunes de 18 à 25 ans, perçus comme arabes, maghrébins ou noirs, ont été contrôlés par la police, contre 16 % seulement pour les jeunes perçus comme blancs.

Plusieurs organisations, dont Amnesty International, ont lancé en janvier 2021 une action de groupe contre l'État afin de faire cesser cette pratique policière. Elles demandent aussi que tous les contrôles soient enregistrés et que la personne contrôlée se voie délivrer un reçu, appelé « récépissé », par les policiers.

Cette action est une première en France. Elle s'inspire des *class actions* (« actions de groupe ») menées aux États-Unis, où est né également le mouvement *Black Lives Matter* (« La vie des Noirs compte ») pour combattre les fréquentes violences policières envers les gens de couleur dans ce pays. Ce mouvement a pris de l'ampleur dans le monde en 2020, après la mort de George Floyd, un Afro-Américain, lors de son interpellation à Minneapolis par un policier blanc. En France, le président de la République Emmanuel Macron a reconnu l'existence des contrôles d'identité au faciès mais aussi de violences policières.

LA RELIGION EST-ELLE UNE CAUSE DE DISCRIMINATION ?

Pas en France, en principe, où chacun est libre de croire ou de ne pas croire et de pratiquer la religion de son choix. Pourtant, bon nombre de musulmans affirment être discriminés dans leur vie quotidienne, notamment lorsqu'ils recherchent un logement ou un emploi. Ce sont les femmes qui portent le voile qui en souffrent le plus. Les musulmans subissent également des comportements racistes, mais ce sont les juifs qui en sont les premières victimes. Ils sont la cible de plus de la moitié des violences racistes alors qu'ils représentent à peine 1 % de la population française. Ces actes sont interdits, ce qui n'est pas le cas partout dans le monde.

Dans de nombreux pays, des gens sont persécutés parce qu'ils n'ont pas la même religion que celle qui est pratiquée par le plus grand nombre, ou qu'ils n'ont pas de religion du tout. En Birmanie, où la religion bouddhiste est la plus répandue, les Rohingyas, une minorité musulmane, sont combattus par l'État et fuient leur pays. C'est également le cas des Ouïghours en Chine, un peuple d'anciens nomades de religion musulmane.

Selon un centre de recherche américain qui a examiné les libertés religieuses dans le monde, un tiers des pays de notre planète restreignent cette liberté. L'Arabie Saoudite, le Pakistan et l'Iran sont les pays les plus répressifs envers ceux qui n'ont pas de religion ou en ont une autre que la religion musulmane. À l'opposé, le Brésil, le Japon et les États-Unis sont les pays qui sont les plus tolérants.

QUELS PEUPLES ONT SOUFFERT DE DISCRIMINATION ?

Ils sont si nombreux dans l'Histoire ! Mais les communautés juives ont été très tôt et longtemps mal traitées en Orient, berceau du judaïsme, comme en Occident. L'antijudaïsme, c'est-à-dire l'hostilité à l'égard de la religion juive, première religion monothéiste, se manifestait déjà dans l'Antiquité. Puis, lors des croisades, des massacres de juifs sont commis. Aux XIIIe et XIVe siècles, les juifs sont durement discriminés. Ils doivent porter des signes distinctifs comme la rouelle, une roue de couleur jaune cousue sur leurs vêtements. Ils ne peuvent pas avoir de terres, sont exclus de nombreux métiers et accusés d'empoisonner les chrétiens. Ils sont souvent regroupés dans des ghettos. En Russie, ils sont victimes d'attaques et de pillages, appelés des « pogroms ».

En 1791, la France vote l'émancipation des juifs. Ils ont enfin les mêmes droits que les autres Français. D'autres pays européens feront de même. Mais les préjugés, si anciens, restent. L'antisémitisme, ce racisme anti-juif, se développe au XXe siècle. En Allemagne, les nazis accusent les juifs de tous les maux, comme autrefois. Ils les persécutent avant de planifier leur extermination pendant la Seconde Guerre mondiale. Ce génocide des juifs d'Europe a fait 6 millions de morts. À leurs côtés, 500 000 tsiganes seront exécutés.

Au début du XXe siècle, le peuple arménien a été lui aussi victime d'un génocide commis par l'Empire ottoman. L'Organisation des Nations unies qualifie également de génocide l'élimination de 800 000 Tutsis par les Hutus en 1994 au Rwanda ainsi que celle de 8 000 musulmans bosniaques par les Serbes en 1995.

Y A-T-IL ENCORE DES PEUPLES MIS À L'ÉCART ?

Oui, beaucoup. Il s'agit très souvent de minorités ethniques ou religieuses et de migrants qui fuient des conflits ou la pauvreté. Il y a aussi un très grand nombre de peuples autochtones, c'est-à-dire originaires du pays où ils habitent, qui sont devenus des minorités après la colonisation de leurs terres par les Européens. C'est le cas des Amérindiens, des aborigènes d'Australie, des Maoris en Nouvelle-Zélande, etc.

Aujourd'hui, 370 millions de gens, répartis dans quelque 90 pays, sont issus des communautés autochtones. La déclaration de l'Organisation des Nations unies indique bien qu'ils sont « libres et égaux à tous les autres » et ne doivent faire l'objet « d'aucune forme de discrimination fondée, en particulier, sur leur origine ou leur identité autochtones ». Pourtant, ils sont parmi les plus pauvres de la planète et continuent d'être victimes de très grandes inégalités. Au nom du développement, ils sont souvent déplacés de force, hors de leur terre, dans leur propre pays. D'autres sont contraints de migrer vers des pays étrangers, en raison de changements climatiques et de la dégradation de l'environnement.

Raoni Metuktire, le chef des Kayapos, est le défenseur des populations natives du Brésil, chassées de leurs terres en Amazonie par la déforestation. Il a accusé Jair Bolsonaro, président du Brésil, de meurtre, d'extermination, de transfert forcé de populations, de mise en esclavage et de persécutions commises contre les autochtones de l'Amazonie.

Y A-T-IL DES POPULATIONS MARGINALISÉES EN FRANCE ?

Oui, en particulier les Roms, qui viennent de Roumanie et de Bulgarie. Rappelons que les Roms, originaires d'Inde et dont la langue est le romanès, sont arrivés en Europe au Moyen Âge. Selon les pays et les régions, on les nomme Tsiganes, Gitans, Manouches, Romanichels ou Roms. Il y a 10 à 12 millions de Roms en Europe. Ils sont souvent marginalisés et victimes de préjugés en raison de leur mode de vie et de leur culture. Comme les juifs, ils ont été persécutés durant la Seconde Guerre mondiale : on estime que 500 000 à 600 000 d'entre eux ont été exterminés.

Les Roms français, plutôt appelés tsiganes, sont environ 400 000 et une partie est restée nomade ou semi-nomade. En Roumanie, où ils ont été esclaves jusqu'au XIXe siècle, et en Bulgarie notamment, les Roms ont en revanche été sédentarisés de force. Souvent très pauvres, ils essaient de trouver de meilleures conditions de vie ailleurs. Depuis 2007, ils peuvent circuler librement dans n'importe quel pays de l'Union européenne, mais ils ne sont pas mieux acceptés. En France, les Roms roumains ou bulgares sont régulièrement expulsés de squats, des logements vides occupés illégalement, ou de bidonvilles. Ils ont aussi du mal à trouver du travail. Alors que l'école est obligatoire pour tous les enfants de 3 à 16 ans, des maires refusent d'accueillir les enfants roms dans les classes. C'est une discrimination qui est dénoncée par le Défenseur des droits. Les Roms sont parfois victimes de violences : faussement accusées de vols d'enfants, des familles ont été lynchées en Île-de-France.

POURQUOI REJETER LES MIGRANTS ?

Ce rejet est d'abord un non-respect des droits humains. Selon les règles internationales, il est illégal de refouler des migrants sans avoir examiné leur situation et enregistré la demande d'asile de tous ceux qui craignent d'être persécutés du fait de leur origine, de leur religion, de leur nationalité ou de leurs opinions politiques. Pourtant, de nombreux pays refusent leur venue parce qu'ils sont hostiles, par principe, aux étrangers. Cette hostilité s'appelle la « xénophobie ». Les États-Unis ont même construit un mur le long de leur frontière avec le Mexique pour faire barrage aux migrants d'Amérique latine. En Europe, plusieurs États, tels que la Hongrie, la Croatie, la Slovénie, etc., créent des barrières pour arrêter ceux qui fuient des guerres, des conflits ou la misère. Depuis 2015, des milliers d'hommes, de femmes et d'enfants sont morts noyés en traversant la Méditerranée pour tenter de trouver refuge en Europe.
Ceux qui arrivent ne doivent pas être emprisonnés car entrer dans un pays, même illégalement, n'est pas un crime. Pourtant, certains camps de réfugiés, comme celui de Moria en Grèce, sont de vraies prisons à ciel ouvert.
En France, le Défenseur des droits a rappelé que toute personne exilée doit avoir accès à la santé, à de la nourriture et un logement suffisants. Ce n'est pourtant pas le cas dans les campements qui se créent, faute de mieux, en périphérie des grandes villes. Les enfants y vivent dans des conditions dégradantes et sans accès à l'école, ce qui est discriminant et contraire à la Charte des droits fondamentaux de l'Union européenne.

LES PERSONNES HANDICAPÉES SONT-ELLES DISCRIMINÉES ?

Beaucoup trop ! Le handicap est le premier motif de discrimination. Il est fréquent qu'il se cumule avec d'autres, comme la pauvreté, car de nombreuses personnes handicapées ont plus de mal que les autres à trouver un emploi. Les entreprises, qui ont l'obligation de leur réserver un quota de places, ne remplissent pas toujours correctement cette mission. Il faut pourtant redoubler d'efforts pour faciliter l'accès des personnes handicapées au logement, aux loisirs, aux transports, à l'éducation, à la santé, etc. Ne pas tenir compte de leurs besoins spécifiques aboutit en effet à un traitement moins favorable, donc discriminatoire.

Pour aller à l'école, par exemple, et suivre correctement les cours, un élève en situation de handicap visible ou invisible doit pouvoir se déplacer, être accompagné si nécessaire ou avoir un enseignement adapté. Or, les transports scolaires ne sont pas tous conçus pour les personnes à mobilité réduite. À chaque rentrée, faute d'accompagnants, de jeunes handicapés manquent plusieurs jours d'école, voire des mois ou une année. Il est indispensable en effet qu'un élève sourd ou aveugle puisse être aidé. C'est la même chose pour ceux qui ont des troubles comportementaux, autistiques, etc. Les professeurs ne sont pas ou peu formés pour adapter leur enseignement à ces élèves, pas plus qu'à ceux qui souffrent par exemple de dyslexie ou de dysphasie, des handicaps qui rendent difficile l'apprentissage du langage écrit ou oral.

LES PAUVRES SUBISSENT-ILS DES DISCRIMINATIONS ?

Oui, les pauvres sont victimes de préjugés et de discriminations. Ils sont fréquemment accusés d'être des « assistés », des « fraudeurs » et des « fainéants ». Ces critiques n'ont aucun fondement. En revanche, il est prouvé que les personnes qui ont peu d'argent peinent à louer un logement, à se faire soigner, à ouvrir un compte en banque ou à trouver un emploi. Les plus mal considérées parmi elles sont les personnes sans abri. Elles ont pourtant droit à un toit, mais cette obligation n'est pas respectée. Contrairement aux idées reçues, une bonne partie d'entre elles ne mendient pas et ont un travail.

Plusieurs associations d'aide aux plus démunis dénoncent en particulier des discriminations en matière de santé. Certains médecins refusent de les recevoir, souvent de manière déguisée car une telle discrimination est punissable. Ils proposent des rendez-vous très tard dans la soirée ou avec de longs mois d'attente qui découragent les patients.

Les enfants des familles les plus vulnérables subissent eux aussi des discriminations et des situations humiliantes. Alors que le déjeuner pris à la cantine est souvent pour eux le seul repas équilibré de la journée, des villes refusent de les y inscrire si l'un des parents ne travaille pas ou est au chômage. D'autres communes pratiquent des tarifs de repas trop élevés pour les plus pauvres. Il arrive aussi que les écoliers dont les parents n'ont pas payé la cantine soient mis à l'écart et ne reçoivent qu'un sandwich à la place d'un repas chaud.

Touche pas à mon physique !

POURQUOI S'ATTAQUER À L'APPARENCE DES GENS ?

Avant même qu'elle ait parlé, que nous la connaissions, nous catégorisons une personne selon sa taille, son poids, les traits de son visage, ses cheveux, mais aussi ses vêtements, sa coiffure, ses bijoux, etc. En bref, l'ensemble de ses caractéristiques physiques et de ses attributs visibles. De nombreux préjugés sont associés à l'apparence. Par exemple, un homme en cravate donne l'impression d'être sérieux tandis qu'un autre aux bras tatoués sera perçu comme rebelle. L'image, le paraître ont tant d'importance que l'apparence physique est l'un des critères les plus fréquents de discrimination. Et il peut croiser d'autres critères, comme l'origine, l'appartenance à une ethnie ou à une prétendue race. Ainsi, en 2019, la Californie a été le premier État américain à interdire les discriminations raciales fondées sur les cheveux. La coupe « afro », les tresses ou les dreadlocks sont enfin autorisées à l'école et sur le lieu de travail, où l'on ne peut pas non plus imposer le lissage ou le défrisage des cheveux.

C'est au travail que les discriminations liées à l'apparence physique sont les plus nombreuses, parce que les stéréotypes y ont la vie dure. On associe des vêtements à un genre, sans raison valable. Si l'uniforme des pompiers est obligatoire parce qu'il est utile pour leur sécurité, imposer le port d'une jupe à une assistante de direction n'a pas de justification, c'est sexiste. De la même manière, un patron de restaurant peut demander une tenue pour les serveurs afin que les clients les identifient, mais il ne peut leur interdire de porter une boucle d'oreille.

TOUJOURS LES MÊMES CLICHÉS DANS LES PUBS ?

Oui, ou presque ! A-t-on jamais vu une vieille femme laide au volant d'une nouvelle voiture dans une publicité ? Non, pour vanter leur dernier modèle, les marques choisiront la plupart du temps un automobiliste jeune, beau et sûr de lui. La publicité continue à utiliser les stéréotypes et les préjugés pour séduire les consommateurs.

En 2017, le Conseil supérieur de l'audiovisuel (CSA), « le surveillant » de la télévision et de la radio, a mené une enquête. Celle-ci confirme que les hommes sont présents dans 82 % des publicités pour les voitures. On les voit également beaucoup lorsqu'il s'agit d'argent ou de technologies. En revanche, il y a davantage de femmes représentées pour vendre des vêtements, des parfums, des produits de beauté ou de ménage. Les clichés ont la vie dure dans la publicité, davantage encore que dans la vraie vie !

La diversité des personnes n'y est pas davantage respectée. Moins de 10 % de personnes non blanches y sont représentées. Les publicités qui essaient de changer cela sont rares et se remarquent, comme ce spot télé pour un téléphone portable qui mettait en scène un utilisateur handicapé, le comédien trisomique Pascal Duquenne. Aux États-Unis, des associations ont poursuivi Facebook® parce que des publicités pour des logements ou des emplois n'étaient visibles que par certains usagers du réseau social, excluant notamment les femmes, les personnes âgées ou de couleur. Cette véritable discrimination a été condamnée par le gouvernement américain.

POURQUOI VOIT-ON SI PEU DE DIVERSITÉ À LA TÉLÉ ?

Parce que les chaînes françaises ne respectent pas leurs engagements. Alors qu'elles doivent faire l'effort de montrer toute la diversité de la population française dans leurs programmes, ce n'est toujours pas le cas. Loin de là. C'est ce qu'indique un baromètre qui mesure chaque année la place accordée aux différentes catégories de personnes sur les chaînes de la TNT (télévision numérique terrestre).

Il y a un décalage entre la réalité de notre société et ce que l'on voit à la télévision. Les personnes handicapées, par exemple, en sont quasiment absentes alors qu'elles représentent près d'un quart de la population active. Peu de progrès ont été réalisés par ailleurs pour les personnes perçues comme non blanches. Elles sont certes plus nombreuses dans les programmes sportifs, surtout lorsqu'il s'agit de football, mais elles sont moins de 20 % en moyenne dans l'ensemble des programmes. Les hommes blancs, diplômés et habitant en ville sont toujours les plus représentés dans les reportages, les séries et les téléfilms.

Des efforts sont engagés pourtant. Des chaînes comme TF1, France 2, France 3, France 4, ont obtenu le Label Diversité décerné par l'État pour leur lutte contre les discriminations, notamment en matière d'emploi. Par exemple, pour favoriser l'égalité hommes-femmes, la patronne de France Télévision (eh oui ! une femme !) a décidé d'imposer un certain nombre de réalisatrices sur ses chaînes. Beaucoup de femmes présentent aussi des journaux télévisés, mais c'est une situation exceptionnelle.

INJURIER QUELQU'UN SUR SON PHYSIQUE, EST-CE LE DISCRIMINER ?

Non. L'injure est interdite par la loi, mais ce n'est pas une discrimination. C'est une violence verbale qui vise à blesser, déstabiliser et humilier. Toutefois, la loi est plus sévère lorsque le propos injurieux a un caractère raciste, sexiste, homophobe ou handiphobe. Traiter quelqu'un de « yeux bridés » ou de « négro » constitue une injure raciste car elle le renvoie à ses origines de manière dévalorisante. De même, les injures « pédale » et « tapette » lancées pour insulter un garçon jugé trop efféminé sont homophobes.

La gravité de la sanction varie selon que l'injure raciste, sexiste, homophobe ou handiphobe a été énoncée en privé ou en public devant des inconnus. Lorsqu'une personne injurie quelqu'un en tête à tête, dans un texto, en famille, en classe, entre amis et même dans la cour du collège, cela reste privé. L'auteur risque une contravention de 1500 € maximum.

La peine s'alourdit lorsque l'insulte est publique, c'est-à-dire dite lors d'une réunion publique, à la radio, à la télévision ou publiée dans les journaux ou sur les réseaux sociaux. C'est le cas par exemple si une personne publie un message insultant et sexiste à l'intention d'une fille qui peut être lu par « les amis d'amis » ou « tout le monde », c'est-à-dire des inconnus. L'auteur de l'injure risque un an de prison et une contravention de 45 000 €. Cette lourde peine vise à encourager chacun à réfléchir à deux fois avant de poster certains commentaires.

POURQUOI LA TRAITER DE « GARÇON MANQUÉ » ?

Voilà une expression qui devrait être rayée du vocabulaire ! Pourquoi ? Parce qu'elle sous-entend que seules les filles coquettes, douces, gracieuses et féminines sont réussies ! Et qu'il n'y aurait qu'une seule manière d'être une fille ! Toutes celles qui s'habilleraient et se comporteraient plus comme leurs camarades masculins seraient un garçon dans le corps d'une fille ! Ce serait un ratage de fille doublé de celui d'un garçon puisqu'il est manqué… Fort heureusement, cette expression, très utilisée au siècle dernier par des parents qui redoutaient que leur « garçon manqué » ne soit pas suffisamment féminine pour trouver un mari, est en voie d'extinction. Il y a trois décennies, la société était encore très attachée aux notions de genre féminin et masculin. Le rose, les activités manuelles (le dessin, la confection de bijoux, la cuisine) et artistiques (la danse), tout comme le calme et la retenue étaient réservés aux petites filles. En revanche, le bleu, les activités physiques, les jeux de guerre et d'aventure, et l'audace, aux petits garçons. Ces clichés n'ont pas totalement disparu mais, aujourd'hui, une fille qui construit sa personnalité en fonction de ce qu'elle est et ce qu'elle aime, en ne s'encombrant pas des stéréotypes de genre, ne surprend plus. Jouer au foot, adorer les jeux vidéo de combat, mais aussi la danse classique, et rêver de devenir un jour pilote d'avion, c'est se donner le droit de choisir sa vie. Il en va de même pour son caractère : si elle n'a pas froid aux yeux, se moque de son apparence et préfère le skate au shopping, cela traduit une forte personnalité. Et tout le monde devrait s'en réjouir au lieu de la regarder avec suspicion !

AU COLLÈGE, DES FILLES SONT EN SHORT, ET ALORS ?

Si le règlement intérieur de l'établissement scolaire ne l'interdit pas, les filles sont en droit de porter un short. Pourtant, en septembre 2020, les réseaux sociaux étaient en ébullition avec de très nombreux témoignages de collégiennes et de lycéennes. Elles racontaient s'être vu reprocher le port d'un short, d'une mini-jupe ou d'un tee-shirt *crop top* jugés « indécents, provocants » ou susceptibles « de perturber les garçons » voire dans certains cas, refouler de leur établissement à cause de ces tenues. Elles y dénonçaient le sexisme vestimentaire dont elles étaient victimes. Car c'est bien la liberté vestimentaire des filles qui est en cause, alors que celle des garçons ne l'est jamais. Un élève a-t-il déjà été refoulé de son collège à cause d'un short, d'un marcel ou d'un baggy au motif que cela pourrait « déconcentrer les filles » ?
La demande faite aux filles de cacher leur corps n'est pas nouvelle. Il y a près de soixante ans déjà, la mini-jupe, inventée par Marie Quant à Londres, était interdite dans les lycées et jugée indécente et provocante. Pendant des siècles, les femmes se sont battues pour obtenir le droit de se vêtir librement à l'égal des hommes. Le port du pantalon ne leur était autorisé que pour l'équitation et le vélo. Et même si, à partir des années 1960, les femmes l'ont adopté massivement, ce n'est qu'en 2013 que la loi interdisant le port du pantalon pour les femmes a été abrogée.
Aujourd'hui, la liberté de se vêtir est inscrite dans la loi. La grande majorité des établissements scolaires se contente d'ailleurs d'exiger des élèves une tenue correcte. Un qualificatif qui a l'inconvénient d'être flou et de laisser la porte ouverte à toutes sortes d'appréciations parfois sexistes et discriminatoires.

POURQUOI EST-CE MAL VU D'ÊTRE EN SURPOIDS ?

Parce que la corpulence de ces personnes dépasse une norme établie par la société. Cela n'a pas toujours été le cas. Pendant des siècles, les femmes aux formes rondes et généreuses étaient perçues comme les plus belles et l'embonpoint des hommes, comme un signe de force et de richesse. Seuls « les pauvres sont maigres », disait-on. À partir du XIXe siècle, les critères de beauté ont changé au profit de la minceur et les personnes en surpoids ont commencé à être méprisées. Cette hostilité porte un nom : la grossophobie. Elle se manifeste par toute une série de préjugés humiliants tels que « Si t'es gros, c'est de ta faute », « Tu n'as pas de volonté, sinon tu ferais attention à ce que tu manges ».

Ces préjugés sont très blessants et culpabilisants pour ces personnes dont le surpoids et l'obésité peuvent provenir de l'hérédité, d'un dérèglement hormonal, d'un trouble de l'alimentation, ou d'un manque d'argent pour manger sainement. Aujourd'hui, on pourrait presque dire que seuls « les pauvres sont gros ».

En plus de se sentir souvent méprisées, ces personnes sont victimes de discrimination, notamment dans le monde du travail. En particulier les femmes : elles ont deux fois moins de chance d'être embauchées par rapport à des femmes plus minces qui ont les mêmes compétences. Elles ont aussi beaucoup plus de mal à obtenir des promotions.

À part la rockeuse Beth Ditto, les chanteuses Lizzo ou Yseult, les personnes en surpoids peinent à s'imposer à la télévision, au cinéma ou dans la musique. Une exception au Japon : les lutteurs de sumo, qui pèsent près de 150 kilos, sont de véritable stars et vénérés comme des demi-dieux !

POURQUOI LES ROUX SONT-ILS MOQUÉS ?

À cause de leur différence capillaire, ce qui, pour certains, les rend étranges et hors normes. Pendant des siècles, ils ont été victimes de brimades et de maltraitance. Dans l'Antiquité, les personnes rousses, supposées porter malheur, sont chassées d'Athènes dès qu'un conflit éclate. Au Moyen Âge, la couleur de leurs cheveux est associée aux flammes de l'enfer et au diable. Les hommes roux sont perçus comme des gens mauvais, colériques, sournois et des traîtres à l'image de Judas représenté avec des cheveux roux. Les femmes rousses, accusées d'être des sorcières, sont condamnées au bûcher avant de devenir de dangereuses séductrices dans les siècles qui suivent.

Aujourd'hui, les personnes rousses, qui représentent 2 à 3 % de la population mondiale, sont moins stigmatisées. Des comédiens et comédiennes comme Rupert Grint, le personnage de Ron Weasley dans *Harry Potter*, Kate Winslet, l'héroïne de *Titanic* ou la Française Audrey Fleurot sont de véritables stars. Mais ces préjugés du passé persistent. On parle même de « roucisme », une sorte de racisme anti-roux. À l'école, les enfants roux peuvent souffrir de moqueries et de surnoms dévalorisants comme « Poil de carotte », le héros du roman de Jules Renard, persécuté à cause de ses cheveux roux et de ses taches de rousseur. Sur les réseaux sociaux, s'ajoutent toutes les insultes sexistes à l'égard des femmes et les propos sur la fourberie ou l'agressivité supposées des hommes roux.

Pour lutter contre ces clichés, des manifestations appelant à plus de tolérance se multiplient, comme les festivals *Redhead Day* aux Pays-Bas ou *Red Love* en Bretagne. Depuis 2009, Il existe la journée mondiale *Embrassez un roux*. Elle se tient les 12 janvier, l'occasion rêvée de leur faire la bise !

PORTER UNE DJELLABA, EST-CE UN PROBLÈME ?

Non. La djellaba fait partie des habits traditionnels, comme le boubou porté par les personnes d'origine africaine ou le kilt des Écossais venus supporter leur équipe de rugby au Stade de France. Chacun a le droit de s'habiller comme il le souhaite dans l'espace public. C'est une liberté individuelle qui donne à chaque citoyen le droit de choisir sa tenue vestimentaire, en fonction de ses goûts, de sa culture, de ses opinions religieuses et de l'image qu'il souhaite renvoyer aux autres. La djellaba indique ainsi l'origine maghrébine, souvent l'appartenance à la religion musulmane, tout comme la calotte placée sur la tête. Dans l'espace public, que ce soit dans la rue, les transports en commun, les commerces ou encore les centres commerciaux, le port de signes religieux est autorisé. Une kippa portée dans le métro, un turban sikh dans un restaurant, ou encore un hijab à la sortie d'une crèche, tout cela est légal.

On peut aussi afficher ses convictions religieuses dans les bâtiments publics. Un prêtre en soutane peut entrer au conseil départemental, une religieuse voilée se rendre à l'hôpital, et une femme en hijab assister au conseil municipal à la mairie. Une femme peut être élue et porter le voile.

La loi interdit en revanche toutes les tenues dissimulant le visage. Le port du voile intégral, que ce soit le niqab ou la burqa, n'est pas autorisé dans l'espace public, comme les cagoules ou les casques utilisés par des manifestants pour ne pas être identifiés ou interpellés par la police.

FAUT-IL ÊTRE MINCE POUR TRAVAILLER DANS LA MODE ?

La question ne se pose pas pour être styliste, couturier ou couturière, coach en design ou en mode, ni pour assurer l'accueil ou la vente dans un magasin de vêtements ou d'accessoires. Que la personne soit grande, petite, belle ou non, peu importe ! Seules comptent ses compétences, sinon c'est une discrimination basée sur l'apparence physique. Il n'y a que dans l'exercice des métiers de mannequin et de comédien que l'employeur peut imposer légalement des critères physiques.

Même les compagnies aériennes françaises n'exigent plus de taille minimale pour les hôtesses ou les stewards. Mais cela est très récent et les entreprises ne respectent pas toutes la loi. À Paris, des candidats à des postes de vendeurs pour une marque de vêtements américaine sur les Champs-Élysées avaient protesté car l'enseigne ne recrutait que des jeunes hommes beaux et musclés. Pourquoi ? Parce que « tout ce qui est beau est bon », selon une idée reçue. C'est ainsi qu'une femme maquillée a davantage de chances d'être embauchée qu'une autre sans fard ni rouge à lèvres, et qu'elle sera en plus mieux payée. Il en va de même pour la taille. Plusieurs études aux États-Unis ont montré que les hommes petits avaient en moyenne des salaires inférieurs aux grands. Comme si la valeur du travail était basée sur la beauté et les centimètres en plus ! Cela paraît incroyable, mais l'apparence physique est l'une des discriminations les plus fréquentes.

Touche pas à mon identité !

QU'EST-CE QUE L'IDENTITÉ ?

L'identité est l'ensemble des caractéristiques qui distinguent une personne d'une autre. Ce qui nous rend unique, c'est d'abord notre identité légale. Dès la naissance, chacun a droit à un nom, un prénom et une nationalité qui sont enregistrés et conservés par les services de l'état civil. Ces éléments figurent ensuite sur la carte d'identité où sont également indiqués la date et le lieu de naissance, la taille, le sexe et l'adresse, qui sont complétés par une photo. Cette identité-là nous rend reconnaissables par l'État et nous donne des droits.

Nous avons également une identité personnelle, qui est une combinaison de caractéristiques génétiques, familiales, culturelles, sociales, etc. On parle d'ailleurs d'identité multiple car elle évolue tout au long de la vie. Aujourd'hui, j'habite à Toulouse, je suis élève dans un collège, je fais du sprint dans un club d'athlétisme et je joue du piano. Mon adresse, mon âge, mon groupe de sport, etc., me caractérisent. Dans vingt ans, je travaillerai peut-être à Paris, je nagerai tous les jours et je jouerai de la guitare avec des amis. On le voit bien, l'identité d'une personne est complexe.

Pourtant, l'origine du mot « identité » vient du latin *idem*, qui signifie « le même » ! Serions-nous donc tous semblables et uniques à la fois ? Oui, car nous sommes d'abord tous des êtres humains, mais chacun avec sa singularité. La Déclaration universelle des droits de l'homme nous rappelle qu'en tant qu'être humain, nous sommes tous « libres et égaux en dignité et en droit », quelles que soient nos identités personnelles.

PAS DE SIGNES RELIGIEUX À L'ÉCOLE, UNE DISCRIMINATION ?

Non, parce que la même règle s'applique à tous, dans tous les établissements scolaires publics, de l'école au lycée. « Le port de signes ou tenues par lesquels les élèves manifestent ostensiblement une appartenance religieuse est interdit », précise la loi de 2004. Il s'agit par exemple d'une kippa, d'un voile islamique, d'un turban sikh ou d'une croix chrétienne trop grosse, etc.

Tous les signes religieux sont concernés, mais il est vrai que cette loi a été votée à la suite du refus de collégiennes musulmanes d'enlever leur foulard en cours. Pourquoi cette attitude a-t-elle posé problème ? Parce qu'elle était contraire au principe de laïcité dans les écoles, édicté par le ministre de l'Éducation Jules Ferry en 1880. Jusque-là, c'était l'Église qui dominait l'éducation et donc les consciences. Ce principe est rappelé dans la Charte de la laïcité à l'école remise aux élèves et aux parents en début d'année. Il y est écrit notamment que la France est une République « laïque » qui « respecte toutes les croyances ». Elle précise surtout que la laïcité protège les élèves « de tout prosélytisme et de toute pression qui les empêcheraient de faire leurs propres choix ». La laïcité, c'est en effet la liberté de croire ou non, de pratiquer une religion ou non, sans l'imposer aux autres et sans que ce soit l'État qui l'impose. Ce droit est garanti depuis la loi de séparation des Églises et de l'État du 9 décembre 1905. Tous les ans, le 9 décembre, est célébrée la journée de la laïcité dans les écoles publiques.

LE FOOT DANS LA COUR, UN PRIVILÈGE DE GARÇON ?

La cour de récréation des écoles élémentaires reflète les inégalités de genre. Au centre : les garçons courent et jouent au foot en s'appropriant la quasi-totalité de la cour. En périphérie, les filles occupent l'espace qui leur reste, jouent à l'élastique ou à des jeux de rôle et restent en petits groupes. Pour traverser la cour, elles sont obligées de la contourner au risque de se faire bousculer et n'ont pas le droit d'accéder au terrain. Lorsqu'une fille est acceptée pour jouer au foot, elle est souvent taxée de « garçon manqué ». Un garçon qui n'aime pas le foot et reste en compagnie des filles peut être catalogué « homosexuel » ou « intello ».

Cette absence de partage de la cour a pour effet d'induire chez les petites filles l'idée qu'elles sont moins importantes que les garçons, puisque l'école accepte qu'elles prennent moins de place et restent cantonnées sur les bordures. De plus, cela freine la mixité et renforce les stéréotypes de genre selon lesquels le foot serait réservé aux garçons tandis que les filles, supposées plus calmes, préféreraient les activités moins physiques et discuter entre elles.

Pour remédier à ces inégalités, plusieurs villes réaménagent les cours de récréation des écoles. Les terrains de foot sont déplacés et réduits en surface, des parcours de gym, des pistes cyclables, des bancs et des espaces verts sont mis en place. En 2018, à Trappes en région parisienne, était inaugurée la première cour de récréation non genrée. Depuis, plusieurs villes ont suivi parmi lesquelles Rennes, Bordeaux et Grenoble.

IL EST EFFÉMINÉ, ET ALORS ?

Au lycée comme au collège, les garçons qualifiés d'efféminés se retrouvent mis à l'écart, victimes de moqueries et d'insultes discriminatoires à caractère homophobe ou liées à l'apparence.

« Être efféminé » ne veut rien dire. Ce n'est pas parce qu'un garçon s'habille de manière élégante, possède des qualités jugées féminines, comme la sensibilité et le calme, et qu'il n'aime pas le rap, le foot ou les jeux vidéo, que cela indique son orientation sexuelle. Un garçon jugé efféminé peut être attiré par les filles et un garçon apparemment très viril, préférer les garçons. Chacun est libre de vivre sa sexualité.

L'attirance sexuelle et affective pour une personne de même sexe ou de sexe opposé ne se décide pas. Personne ne choisit son orientation sexuelle. Elle s'impose naturellement à nous, comme une évidence.

Même si l'homosexualité est aujourd'hui mieux acceptée, il reste beaucoup à faire. En 2018, un quart des élèves homosexuels et bisexuels disaient avoir été victimes d'insultes et de menaces homophobes et 13 % de violences physiques. Ces réactions d'hostilité ont des conséquences : de nombreux jeunes cachent leur homosexualité, par crainte d'être rejetés par leur famille et de perdre leurs amis, tandis que d'autres n'osent pas l'assumer et restent cloîtrés dans leur solitude et leur souffrance.

Pour lutter contre l'homophobie et la transphobie, l'Éducation nationale a lancé une grande campagne en 2019 dans les collèges et lycées. Son mot d'ordre *Ça suffit !* est on ne peut plus clair !

LE HARCÈLEMENT SCOLAIRE EST-IL UNE DISCRIMINATION ?

Non. Au regard de la loi, ce sont deux délits différents. Mais il y a un lien entre eux car, comme pour la discrimination, c'est bien le rejet de l'autre et de sa différence qui est à l'origine du harcèlement.

De manière générale, tout élève jugé différent par rapport aux autres est susceptible d'être insulté, moqué et stigmatisé. Ces agressions à caractère discriminatoire sont très répandues dans les écoles et collèges. Elles portent souvent sur l'apparence. Un surpoids, des oreilles décollées, des cheveux roux, mais aussi une origine étrangère ou le port de lunettes peuvent être à l'origine d'injures, de surnoms humiliants, voire de coups. Même chose pour l'orientation sexuelle ou les troubles de l'apprentissage : les élèves souffrant de troubles Dys, comme la dyslexie, la dyspraxie et la dysphasie, sont souvent moqués.

Ces attaques verbales et/ou physiques, lorsqu'elles sont répétées dans la durée et exercées avec une intention évidente de nuire, conduisent au harcèlement. La victime se retrouve alors isolée et ne peut pas faire face aux constantes agressions. Cela peut la conduire à ne plus aller en cours par peur d'y voir ses harceleurs, à perdre toute estime d'elle-même, à sombrer dans la dépression et avoir des pensées suicidaires. Il arrive que certaines victimes, hélas, passent à l'acte.

Depuis 2014, la loi punit sévèrement le harcèlement scolaire. Les auteurs mineurs risquent 6 mois de prison et une forte amende. En France, 1 élève sur 10 est harcelé, y compris sur les réseaux sociaux. La vie des collégiens est minée par ce véritable fléau, contre lequel chacun devrait lutter.

SUR INTERNET, PEUT-ON ÊTRE DISCRIMINÉ ?

Les réseaux sociaux donnent l'impression que tout peut se partager et que notre vie personnelle peut être dévoilée à n'importe qui. C'est faux ! Chacun peut un jour, à cause de ses publications, être victime de discrimination. Celle-ci se pratique en effet en toute discrétion dans les bureaux des personnes chargées du recrutement. 90 % d'entre elles consultent les réseaux sociaux des candidats avant de les embaucher.

Lorsqu'on postule à un stage ou à emploi, le recruteur évalue les compétences professionnelles à partir du curriculum vitae et de la lettre de motivation. Il peut hésiter entre plusieurs candidats et/ou souhaiter en savoir plus. En quelques clics, il va googliser les noms et scruter les réseaux sociaux de chacun pour connaître son origine, ses centres d'intérêt, ses opinions politiques, etc. Une vidéo sur Facebook montrant un candidat une bouteille à la main en train de tituber dans la rue peut alors s'avérer rédhibitoire. L'image d'une candidate présentant son test de grossesse positif, assorti du commentaire « Bientôt maman ! » peut l'écarter du poste. Dans les deux cas, le recruteur est dans l'illégalité. Les mœurs et la grossesse sont des critères de discrimination interdits par la loi. Ils ne peuvent pas être utilisés pour sélectionner les candidats. Mais comment prouver que c'est la consultation des réseaux sociaux qui les a écartés ?

Pour limiter les risques, il revient à chacun de veiller aux informations publiées sur ses comptes et de contrôler sa e-réputation, c'est-à-dire son image véhiculée sur les réseaux sociaux. Il faut aussi et surtout restreindre l'accès de ses comptes à ses seuls amis.

Y A-T-IL DE « MAUVAISES » ADRESSES ?

Ce n'est pas l'adresse qui est « mauvaise », mais l'image que peuvent avoir certaines villes ou quartiers défavorisés. Cette image dévalorisée nuit à leurs habitants. Plusieurs maires de la banlieue parisienne ont dénoncé le fait que l'on a moins de chance de trouver un travail lorsque l'on habite dans leur commune. Selon eux, les entreprises écartent des candidats à un poste non pas en raison de leurs compétences, mais à cause d'un préjugé négatif sur leur lieu d'habitation. C'est pour cela que le critère de l'adresse a été inscrit dans la liste des discriminations condamnables par la loi. De grandes entreprises ont d'ailleurs décidé de masquer le lieu de résidence indiqué sur les candidatures à un poste avant de les examiner.

Cette discrimination à l'adresse, qui se double parfois d'une discrimination sur l'origine lorsque la personne a un nom à consonance étrangère, commence très tôt. Dans ces mêmes villes ou quartiers pauvres, les collégiens de 3e ont beaucoup de mal à trouver une place pour effectuer leur stage obligatoire d'une semaine. Nombreux sont ceux qui doivent se contenter de passer cinq jours dans un petit commerce près de chez eux, ce qui ne leur permet pas de découvrir un autre univers de travail ou des métiers qu'ils ne connaissaient pas.

Pour tenter de mettre fin à cette inégalité, une plateforme d'information et de propositions de stages, www.monstagedetroisieme.fr, est réservée aux élèves de tous les collèges du réseau d'éducation prioritaire.

MAIS QU'EST-CE QU'IL A L'ACCENT DE BIGFLO ET OLI ?

Il vient du Sud-Ouest ! Quand ces Toulousains chantent leur titre *Dommage*, en prononçant un « o » ouvert, les Parisiens ricanent. Ce n'est pas très grave. Cela ne les empêche pas d'avoir du succès, y compris dans le nord de la France. Au-delà de moqueries, parfois blessantes, un accent peut être pénalisant pour la recherche d'emploi. En 2020, 16 % des Français et des Françaises disent avoir été victimes de discrimination à l'embauche à cause de leur accent. L'académicien et philosophe Michel Serres expliquait qu'il avait dû attendre 60 ans avant d'être pris au sérieux en raison de son accent d'Agen ! La faute à un stéréotype qui laisse penser que les gens avec un accent ne sont pas intelligents.

Tous les accents sont concernés, ceux des étrangers, celui des banlieues, des Ch'tis, des Alsaciens, des Corses, etc. D'ailleurs, à la télévision, à la radio, on entend généralement un accent qualifié de « standard » ou de « neutre ». Les journalistes sont priés d'oublier leur origine. Deux d'entre eux, Jean-Michel Aphatie et Michel Feltin-Palas, ont publié un livre intitulé *J'ai un accent, et alors ?* pour dénoncer le rejet de ceux qui parlent différemment. C'est la glottophobie, comme l'appelle le linguiste Philippe Blanchet. Il a participé à l'écriture d'une proposition de loi qui va permettre de faire reconnaître cette discrimination afin qu'elle soit punie, comme toutes les autres. Peut-être en rira-t-on moins ?

55 ANS ET TROP VIEUX POUR TROUVER UN TRAVAIL ?

Oui. Il existe de vraies barrières de l'âge pour les personnes de plus de 55 ans, voire de 50 ans. Lorsqu'elles perdent leur emploi, elles restent au chômage plus longtemps que les autres. Parfois elles n'arrivent pas à retrouver un travail avant d'être à la retraite. Moins de 30 % des personnes de 60 à 64 ans travaillent. L'espérance de vie augmente mais les stéréotypes restent. Les entreprises ont tendance à juger les seniors moins efficaces et plus lents. Elles ne voient pas la richesse de leur expérience et de leurs connaissances accumulées tout au long de leur vie active. Ainsi, quand elles suppriment des emplois, elles incitent les plus âgés à partir en priorité, et lorsqu'elles embauchent, elles leur donnent rarement une chance. Cette discrimination liée à l'âge s'appelle « l'âgisme ».

Elle ne concerne pas que le travail. Des banques ont par exemple été rappelées à l'ordre pour avoir refusé sans raison de prêter de l'argent à des personnes âgées. Les seniors dynamiques et en pleine forme, bien au-delà de 60 ans, sont pourtant nombreux. Les électeurs le reconnaissent d'ailleurs puisqu'ils n'hésitent pas à élire des hommes ou des femmes politiques, quel que soit leur âge. Joe Biden est devenu président des États-Unis juste après avoir fêté ses 78 ans, et c'est un sacré boulot !

POURQUOI ÊTRE REFOULÉ D'UNE DISCOTHÈQUE ?

L'entrée dans une discothèque, c'est parfois selon... la tête du client ! Les cas sont nombreux de personnes qui se voient refuser l'accès à une boîte de nuit en raison de leur origine maghrébine ou de la couleur de leur peau. Plusieurs patrons d'établissements ont été condamnés pour cela. L'un d'entre eux a refusé l'accès à un groupe d'amis, ne laissant entrer que la personne qui avait réservé des places pour tout le groupe. Il lui avait expliqué que « cinq Maghrébins, ce n'était pas possible ». Les personnes refoulées ont déposé plainte pour discrimination. Entendu par les policiers, le responsable a déclaré qu'accueillir trop de personnes d'origine maghrébine nuisait à la réputation de sa boîte de nuit. Il s'est défendu d'être raciste, mais il redoutait les préjugés des autres clients ! Lors de son procès, il a été condamné à huit mois de prison avec sursis. Cette fois-là, le patron a reconnu la discrimination, mais c'est rarement le cas.

Pour prouver et dénoncer cette pratique, des associations comme SOS Racisme, dont le slogan est *Touche pas à mon pote !*, ont recours à des tests en situation réelle, appelés aussi *testings*. Par exemple, un couple de personnes de couleur se présente à l'entrée d'une boîte de nuit. S'il est refoulé au motif qu'il n'y a plus de place, un couple de personnes blanches fait la même démarche un peu plus tard. S'il est accepté, c'est que ce n'est pas un problème de place qui a empêché l'entrée des premiers, mais sûrement une discrimination.

POURQUOI SI PEU DE SPORT FÉMININ À LA TÉLÉ ?

Parce que les chaînes de télévision pensent que le sport féminin n'attire pas les téléspectateurs. En 2019, un sondage venait pourtant tordre le cou à ce cliché en révélant que 80 % des Français souhaitent voir davantage de sport féminin à la télévision, l'estimant aussi intéressant que le sport masculin. Les records d'audience confirment cet engouement. Lors de la Coupe du monde féminine de football de 2019, plus de 10 millions de Français scrutaient les prouesses des Bleues tandis que la finale du Championnat d'Europe de handball féminin rassemblait plus de 5 millions de téléspectateurs. Cet attrait pour le sport féminin est récent. Pendant longtemps, seules les disciplines individuelles, comme le tennis, le patinage, la natation ou l'athlétisme, étaient retransmises à la télévision. En 2012, les compétitions féminines occupaient seulement 7 % du temps réservé au sport, aujourd'hui, c'est trois fois plus. L'égalité est encore loin, mais les choses bougent.

Si, dans les fédérations sportives, les hommes occupent encore la majorité des postes de dirigeant, les filles partent à l'assaut des stades. Elles sont de plus en plus nombreuses à fouler les pelouses et à chausser les crampons. Le nombre de footballeuses a plus que doublé en dix ans, celui des rugbywomen a triplé en quinze ans. Pour la première fois, en 2020, une femme a été désignée pour arbitrer un match de la très prestigieuse Ligue des champions, marquant ainsi un sacré but aux yeux des téléspectateurs ! Et ce n'est que le début du match !

LA GAY PRIDE, UNE MARCHE CONTRE LES DISCRIMINATIONS ?

La Gay Pride, appelée maintenant « Marche des fiertés », est un événement festif qui lutte pour l'égalité des droits des personnes LGBTQI (Lesbiennes, Gays, Bisexuels et Trans, Queers, Intersexes) et plus de tolérance à leur égard. Elle regroupe une soixantaine d'associations militantes et se déroule chaque année au mois de juin dans plusieurs villes en France et à travers le monde.

Née en 1970 à New York, un an après de violentes émeutes entre policiers et homosexuels dans un bar du quartier de Greenwich Village, c'est en 1977 que la Gay Pride défile pour la première fois à Paris. En 1981, les militants obtiennent du gouvernement la fin du fichage systématique des homosexuels à la préfecture de police et le retrait de l'homosexualité de la liste des maladies mentales. En 1990, l'Organisation mondiale de la santé le fait à son tour.

C'est à cette époque que débutent notamment les revendications pour le droit de fonder une famille. En 1999, une première victoire est remportée avec la création du PACS (pacte civil de solidarité), une union civile accordant certains droits aux couples homosexuels et hétérosexuels. En 2013, le mariage et l'adoption s'ouvrent aux couples homosexuels et en 2021, les couples lesbiens devraient pouvoir recourir à la procréation médicale assistée pour avoir des enfants. Malgré ces avancées, il existe encore des réactions hostiles : en témoignent les 1800 agressions physiques et verbales homophobes et transphobes recensées en 2019 en France. Dans 60 pays, les personnes LGBT risquent encore la prison et dans 12 autres, essentiellement au Proche et Moyen-Orient, la peine de mort.

En finir avec ce fléau

QUELLES GRANDES FIGURES ONT ENGAGÉ LA LUTTE ?

Elles sont très nombreuses à s'être battues pour l'égalité des droits. La Déclaration des droits de l'homme et du citoyen de 1789 consacre ce principe, mais en excluant les femmes de la citoyenneté ! En riposte, l'écrivaine Olympe de Gouges, considérée souvent comme la première féministe, publie en 1791 *La Déclaration des droits de la femme et de la citoyenne*, calquée sur celle des hommes. Elle sera guillotinée en 1793. Un siècle plus tard, l'Anglaise Emmeline Pankhurst utilise la méthode forte pour obtenir le droit de vote des femmes. Avec son mouvement des suffragettes, elle incendie des maisons, brise des vitrines, fait la grève de la faim. En 1918, les Anglaises de plus de 30 ans obtiennent le droit de voter et d'être élues. De grands États suivront l'exemple, comme l'Allemagne et les États-Unis. En France, il faut attendre 1944 !

En 1955, alors que la ségrégation raciale fait rage, Rosa Parks, une couturière noire, est condamnée pour avoir refusé de céder sa place à un Blanc dans un bus à Montgomery (Alabama, États-Unis). En réaction, le pasteur Martin Luther King lance le boycott des bus de la ville. Un an plus tard, la ségrégation est interdite dans les transports. À la tête d'un mouvement de droit civique, il organise des marches non violentes contre le racisme, et son discours de 1963 *I have a dream* (« J'ai fait un rêve ») marque l'histoire. Il est assassiné en 1968. À la même époque, l'avocat Nelson Mandela, dirigeant du mouvement contre l'apartheid, est en prison. Il est condamné à perpétuité pour avoir mené des actions de sabotage. À sa libération en 1990, il milite pour une réconciliation entre Blancs et Noirs, ce qui lui vaut le prix Nobel de la paix. En 1994, il devient le premier président noir d'Afrique du Sud.

AUJOURD'HUI, QUI MÈNE LE COMBAT ?

Le Défenseur des droits, mais aussi de très nombreuses associations qui luttent pour l'égalité des droits des groupes discriminés. Leurs modes d'action sont divers : aide aux victimes de discrimination, appel à manifester, pétition, recensement des discriminations, etc.

Une ONG comme la puissante Ligue des droits de l'Homme est très engagée dans la défense des minorités, notamment les Roms et les migrants. En cas de violation de leurs droits, elle fait pression sur le gouvernement pour les faire cesser. Il en est de même de la Licra (Ligue internationale contre le racisme et l'antisémitisme) et du MRAP (Mouvement contre le racisme et pour l'amitié entre les peuples), tous deux à l'origine de la loi contre le racisme (1972). L'association SOS Racisme est l'initiatrice du *testing*, une méthode permettant de débusquer les cas de discrimination.

Ces associations font évoluer les lois. ATD Quart Monde a réussi à faire interdire la discrimination envers les personnes pauvres en 2016. APF France handicap, l'association des Paralysés de France, est parvenue à imposer la loi pour l'égalité des droits et l'accessibilité des personnes handicapées en 2005.

D'autres misent sur l'éducation des plus jeunes. SOS homophobie crée des campagnes de prévention dans les écoles. Le Centre Hubertine Auclert aide les enseignants à lutter contre le sexisme à l'école et sur les réseaux sociaux.

De très nombreuses associations féministes, comme Osez le féminisme ! ou Femmes solidaires, militent activement pour mettre fin aux stéréotypes de genre et aux violences faites aux femmes au travail, au domicile ou dans la rue.

PEUT-ON MESURER LES DISCRIMINATIONS ?

Ce n'est pas si facile. En France, la loi interdit de collecter des informations faisant apparaître les origines raciales ou ethniques d'une personne, ses opinions politiques, philosophiques ou religieuses, sa santé ou sa vie sexuelle. Ce principe est conforme à l'article premier de la Constitution de 1958 qui assure « l'égalité devant la loi de tous les citoyens sans distinction d'origine, de race ou de religion ». Mais il est contesté au motif qu'il empêche de faire la preuve de discriminations liées notamment à l'origine.

Des exceptions à la règle sont toutefois autorisées pour des études menées par des organismes publics. L'une des plus importantes, *Trajectoires et Origines*, a été réalisée par l'INSEE, l'Institut national de la statistique et des études économiques, et l'INED, l'Institut national des études démographiques. En se basant sur les noms, les origines géographiques et les nationalités des personnes, elle a permis à des chercheurs de montrer les discriminations dont souffrent ceux qui sont originaires du Maghreb, d'Afrique subsaharienne ou des DOM-TOM.

D'autres études ont été réalisées dans le monde du travail. Elles visent à mesurer les écarts de salaire entre les hommes et les femmes ou entre les personnes handicapées et le reste de la population.

Enfin, le *testing* ou test de situation permet de faire la preuve de cas concrets de discrimination. Ce système, d'abord utilisé pour dénoncer des discriminations à l'entrée de discothèques, a été étendu à d'autres domaines.

EST-IL UTILE DE LES TESTER OU DE LES MESURER ?

Oui, car c'est la seule manière de savoir si les discriminations sont importantes, et quelles populations sont concernées. Leur mesure permet de mieux les connaître afin de les combattre.

Grâce aux nombreuses études sur les discriminations entre les hommes et les femmes dans le monde du travail, les entreprises sont aujourd'hui particulièrement surveillées. Elles sont désormais obligées de publier chaque année un index d'égalité professionnelle entre les hommes et les femmes. Cinq grands critères sont notés sur 100. Si elles ne les publient pas ou si la note est inférieure à 75 points, elles doivent payer des indemnités.

Les *testings* ou tests de situation ont aussi permis de pointer du doigt des commerces, des banques, des agences immobilières, qui discriminaient certaines catégories de population. Cela consiste par exemple à envoyer de fausses candidatures à une agence pour la location d'un appartement. Les personnes fictives ont le même profil, mais les unes auront un nom à consonance française et les autres un nom à consonance étrangère. S'il y a un résultat plus favorable pour les premières, il y a discrimination. Ces tests sont dissuasifs car ils donnent une mauvaise image de ceux qui discriminent. Ils servent surtout de preuve lorsqu'il s'agit de faire cesser et condamner une discrimination. Il arrive aussi que ces tests parviennent à faire modifier des règles. C'est le cas pour les agents immobiliers, qui ont désormais l'obligation de suivre une formation à la non-discrimination.

C'EST QUOI LA DISCRIMINATION POSITIVE ?

C'est un ensemble de mesures prises par l'État qui visent à privilégier les groupes de personnes souvent discriminées. Leur but est de réduire et de corriger les inégalités liées à la discrimination.

La discrimination positive peut se traduire par la mise en place de quotas, c'est-à-dire de pourcentages de population définis à l'avance. Ainsi, depuis 1987, toutes les entreprises de plus de 20 salariés sont dans l'obligation d'employer 6 % de travailleurs handicapés sous peine de payer une amende. Il existe aussi de nombreux quotas en faveur des femmes. Depuis la loi Parité votée en 2000, tous les partis politiques doivent présenter autant d'hommes que de femmes sur les listes pour les élections européennes, régionales, départementales et municipales. Plusieurs lois imposent aussi que les femmes soient présentes à hauteur de 40 % dans les postes de cadre dans la fonction publique, les grandes fédérations sportives, ou les conseils d'administration regroupant les dirigeants des grandes entreprises.

Concernant l'éducation, plusieurs mesures favorisent l'accès des jeunes des quartiers défavorisés aux grandes écoles ou à l'université. Depuis 2001, à Sciences Po Paris, les lycéens issus des ZEP (zone d'éducation prioritaire) peuvent être admis sur dossier, suivi d'un entretien, sans passer l'épreuve écrite. Les bacheliers professionnels et technologiques disposent aussi d'un quota de places réservées en IUT et en BTS. Les universités sont également tenues d'accepter un certain nombre d'élèves boursiers. À partir de 2021, ils vont bénéficier de voies d'entrée spécifiques pour accéder à certaines grandes écoles de la haute fonction publique.

LES QUOTAS, ÇA MARCHE ?

Les quotas ne suffisent pas à supprimer les effets nocifs des discriminations, mais ils ont l'avantage d'aider les populations défavorisées et/ou discriminées, qui ne partent pas avec les mêmes chances dans la vie, à faire valoir leurs qualités et leur mérite. À Sciences Po par exemple, les 2 000 étudiants issus des ZEP (zone d'éducation prioritaire) depuis 2001 ont été recrutés à des postes de direction comparables aux autres diplômés de l'école, dans les ministères ou dans de grandes entreprises françaises et étrangères.

Cette intégration des minorités favorise la mixité sociale et permet une meilleure représentation de la diversité de la société française au sein du pouvoir économique et en politique. La mise en place des quotas de femmes a ainsi permis d'augmenter la part des sénatrices de 6 à 32 % en vingt ans et celle des députées de 10 à 39 %. Les femmes qui occupent des postes de cadre représentent 41 % des effectifs, contre 29 % en 1995.

Mais ce n'est pas le seul bénéfice des quotas : en accédant aux postes à responsabilités, les femmes sont plus visibles dans les médias et deviennent des modèles de réussite. Des jeunes filles osent désormais candidater à des postes de pouvoir. Des stéréotypes comme « Les femmes n'aiment pas le pouvoir », « Elles privilégient toujours leur vie familiale à leur travail » sont aujourd'hui mis à mal. Il en est de même des étudiants défavorisés. Leur réussite à l'université et dans les grandes écoles contribue à briser l'image du jeune des quartiers en échec scolaire et délinquant.

Ces quotas n'ont pas l'effet d'une baguette magique, mais ils permettent de réparer quelques injustices et d'atténuer les inégalités.

DES DISCRIMINATIONS ONT-ELLES DISPARU ?

Non, mais certaines régressent. En France, c'est le cas des discriminations envers les femmes, en particulier dans le monde du travail. Elles conquièrent des postes de direction et leur salaire se rapproche de celui des hommes, à travail égal. Même l'orthographe est moins machiste grâce à la féminisation des noms de métiers ou de titres. Mais on est encore loin de l'égalité parfaite, dans l'écriture comme au travail.

Des discriminations fondées sur l'origine s'effacent aussi pour certains immigrés ou descendants d'immigrés. Au siècle dernier, les Italiens, les Espagnols, les Polonais ou les Portugais, venus nombreux travailler ou se réfugier en France, étaient montrés du doigt. Pauvres lors de leur arrivée, généralement mal payés et mal logés, ces migrants étaient aussi mal considérés. L'écrivain François Cavanna, fils de maçon italien, l'a raconté dans un livre intitulé *Les Ritals*. Mais aujourd'hui, personne ne traiterait de « rital » ou de « macaroni » un enfant de famille italienne. Quant à Anne Hidalgo, son origine espagnole ne l'a pas empêchée d'être la première femme élue maire de Paris, même si des opposants l'avaient appelée « la concierge ». C'était une allusion désobligeante aux postes qu'occupaient autrefois des Espagnoles lorsqu'elles arrivaient en France.

Porter un nom espagnol ou italien n'est plus un handicap et, la plupart du temps, on ne remarque même pas leur origine. Il faut dire qu'aujourd'hui les descendants d'immigrés sont très nombreux en France. On estime qu'environ 30 % de la population a au moins un grand-parent d'origine étrangère.

À QUI S'ADRESSER EN CAS DE DISCRIMINATIONS ?

Les victimes de discriminations sont peu nombreuses à les dénoncer. Elles estiment souvent qu'elles ne seront pas écoutées ou que ce sera trop compliqué. Elles ont tort. Il est possible de faire valoir ses droits, ou ceux de son entourage si l'on est témoin de comportements discriminatoires, quels qu'ils soient. Même les enfants peuvent dénoncer une situation qui leur paraît injuste. Il ne faut pas hésiter à en parler autour de soi, à ses parents, aux professeurs en qui l'on a confiance.

Il est possible aussi de s'adresser directement au Défenseur des droits. Cette autorité indépendante est chargée en France de recueillir les témoignages et signalements des victimes de discriminations. Ses conseillers répondent à un numéro de téléphone spécial anti-discrimination, le 3928, du lundi au vendredi, de 9 heures à 18 heures. Ils sont également joignables sur le site internet www.antidiscrimination.fr. Des tchats et des communications en langue des signes sont prévus pour les personnes malentendantes.

Les conseillers du Défenseur des droits écoutent, aident gratuitement et anonymement les personnes qui appellent. Selon les cas, ils les orientent vers les associations compétentes ou interviennent directement. Ils ont ainsi organisé des *testings* ou sont intervenus auprès d'administrations. Ils ont par exemple convaincu une école de recruter une accompagnatrice pour permettre à un élève en situation de handicap de venir en classe, ou un club de foot d'accepter un joueur sourd. Cela est d'autant plus important que le Défenseur des droits est aussi le Défenseur des droits des enfants !

Glossaire

Action de groupe (*class action*)
Action collective lancée par des personnes qui s'estiment victimes de discrimination (ou de tout autre dommage de la part d'un service de l'État). Cette action de groupe est menée par l'intermédiaire d'associations ou de syndicats.

Afrikaners
Descendants des colons, majoritairement hollandais, mais aussi allemands et français, arrivés en Afrique du Sud au XVIIe siècle. Les Afrikaners parlent l'afrikaans.

Afrique subsaharienne
Pays situés au sud du Sahara, soit 48 États africains.

Agent public
Personne employée par l'administration française.

Asie-Pacifique
Zone géographique constituée de l'Extrême-Orient (ou Asie de l'Est), du sous-continent indien (ou Asie du Sud) et de l'Océanie.

Autochtone
Personne originaire de la terre où elle vit. Les peuples autochtones sont les descendants des premiers habitants d'un pays avant sa colonisation. Le mot « indigène » a le même sens, tout comme « aborigène », qui est utilisé en particulier pour désigner les ethnies originaires d'Australie.

Banque mondiale
Agence spécialisée de l'ONU dont le rôle est de lutter contre la pauvreté en aidant financièrement les pays en développement et/ou en leur fournissant des conseils.

Burqa
Vêtement couvrant le corps et le visage. Un voile, ou une « grille » de tissu, est fixé au niveau des yeux. Cette tenue imposée par les Talibans afghans ressemble au tchador iranien.

Cadre
Poste d'une catégorie supérieure au sein d'une administration ou d'une entreprise.

Code pénal
Recueil de règles définissant les infractions, c'est-à-dire les violations de la loi, et fixant les sanctions.

Code du travail
Recueil de l'ensemble des lois et des règlements qui régissent le monde du travail.

Curriculum vitae
Document utilisé lors de la recherche d'emploi. Il contient l'état civil du candidat et détaille son parcours scolaire et ses expériences professionnelles.

Délit
Infraction intermédiaire entre la contravention et le crime.

Déviance
Comportement non conforme aux normes sociales.

Fonction publique
Ensemble de personnes travaillant pour l'administration (État, collectivités territoriales, établissements de santé). La haute fonction publique regroupe les plus hauts postes, tels que les magistrats, les commissaires de police, les ingénieurs, les directeurs d'universités, d'hôpitaux, etc.

Genre
Contrairement au sexe qui correspond aux différences biologiques entre les hommes et les femmes, le genre fait référence aux différences sociales, c'est-à-dire aux comportements, aux compétences, aux rôles attribués par la société à chacun des deux sexes.

Ghetto
À l'origine, quartiers où les juifs étaient contraints de vivre, à l'écart des autres habitants de la ville. Aujourd'hui, il qualifie tous les lieux où vit une minorité défavorisée, séparée du reste de la population.

Hidjab
Voile couvrant la tête et les cheveux, excepté le visage. Il est souvent appelé « voile islamique ».

Idéologie
Ensemble d'idées, de croyances propres à une époque et une société.

Identité de genre
Sentiment d'être un homme, une femme, ni l'un ni l'autre, ou les deux.

Kippa
Calotte dont les juifs pratiquants se couvrent la tête.

LGBTQI
Sigle désignant toutes les personnes qui ne sont pas hétérosexuelles, à savoir :

Lesbienne : femme attirée sexuellement et affectivement par une femme.

Gay : homme attiré sexuellement et affectivement par un homme.

Bi (abréviation de bisexuel ou bisexuelle) : personne attirée sexuellement et sentimentalement par un homme ou une femme.

Trans (abréviation de transgenre) : personne née homme ou née femme et qui ne se sent pas appartenir à cette identité de genre.

Queer : personne qui rejette la norme hétérosexuelle et/ou ne se sent pas appartenir à un genre défini.

Intersexe : personne dont le sexe biologique n'est ni masculin, ni féminin, mais les deux à la fois. Cela peut être ou non visible.

Mœurs
Ensemble d'habitudes et de manières de vivre d'une personne ou d'un groupe social.

Niqab
Contrairement au hidjab, voile cachant le visage, à l'exception des yeux. Il est porté par des pratiquantes d'un islam rigoriste.

Organisation des Nations unies (ONU)
Fondée en 1945, elle regroupe 193 pays. Ses objectifs sont le maintien de la paix, la coopération et l'amitié entre les pays et le respect des droits humains.

Préjugé
Jugement positif ou négatif envers un groupe, reposant sur une idée générale, à base d'informations erronées.

Sédentaires
Personnes dont l'habitation est fixe, contrairement aux nomades.

Sikh
Personne pratiquant le sikhisme. Né en Inde au XVe siècle, c'est la cinquième religion au monde. Les hommes sikhs portent un turban appelé « dastar ».

Stéréotype (ou cliché)
Croyance selon laquelle les membres d'un groupe possèdent certaines caractéristiques, à savoir des qualités, des défauts et des attitudes particulières.

Suffragettes
Mouvement apparu en Grande-Bretagne en 1903 et désignant les militantes pour le droit de vote des femmes.

Unesco (Organisation des Nations unies pour l'éducation, la science et la culture)
Agence de l'ONU dont les objectifs sont de promouvoir l'éducation dans le monde, favoriser le développement scientifique et protéger le patrimoine.

Xénophobie
Hostilité envers les étrangers.

Les 25 critères de discrimination

- L'apparence physique
- L'âge
- L'état de santé
- L'appartenance ou non à une prétendue race
- L'appartenance ou non à une nation
- Le sexe
- L'identité de genre
- L'orientation sexuelle
- La grossesse
- Le handicap
- L'origine
- La religion
- La domiciliation bancaire
- Les opinions politiques
- Les opinions philosophiques
- La situation de famille
- Les caractéristiques génétiques
- Les mœurs
- Le patronyme
- Les activités syndicales
- Le lieu de résidence
- L'appartenance ou non à une ethnie
- La perte d'autonomie
- La capacité à s'exprimer dans une langue étrangère
- La vulnérabilité résultant de sa situation économique

Index

Les autrices remercient Cécile Esquerre, professeure d'histoire et géographie, pour sa relecture et ses conseils avisés.

Cet ouvrage a été réalisé par les éditions Privat.
Correction : Catherine Rigal
Suivi éditorial : Stéphanie Auvergnat (Editokid)
Conception graphique : Emmanuel Atger
Mise en page : Pauline Roques
Suivi de fabrication : Isabelle Gaudon
Photogravure : Ombre & Lumière, à Lavaur.
Cet ouvrage a été achevé d'imprimer en avril 2021
sur les presses de l'imprimerie Egedsa, à Sabadell.
Imprimé en Espagne.